ग़ज़ल-संग्रह

डॉ. फूलकली 'पूनम'

दर्द का नाम दूजा है धड़कन यहाँ,
देखो मर-मर के 'पूनम' चले ज़िंदगी।

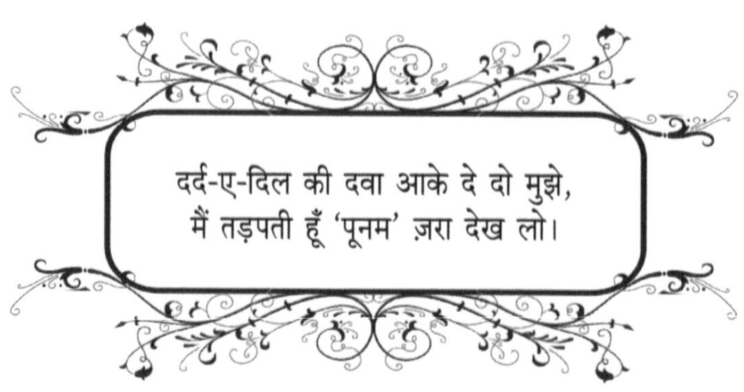
दर्द-ए-दिल की दवा आके दे दो मुझे,
मैं तड़पती हूँ 'पूनम' ज़रा देख लो।

ग़ज़ल-संग्रह

डॉ. फूलकली 'पूनम'

अंजुमन प्रकाशन

अंजुमन प्रकाशन
942, मुट्ठीगंज, प्रयागराज-3 उत्तर प्रदेश, भारत
www.anjumanpublication.com
contact@anjumanpublication.com

प्रथम संस्करण अंजुमन प्रकाशन द्वारा 2021 में प्रकाशित

आवरण व टाइप सेटिंग : अंजुमन प्रकाशन
शब्दांकन-राकेश कुमार

ISBN : 978-81-953045-6-1

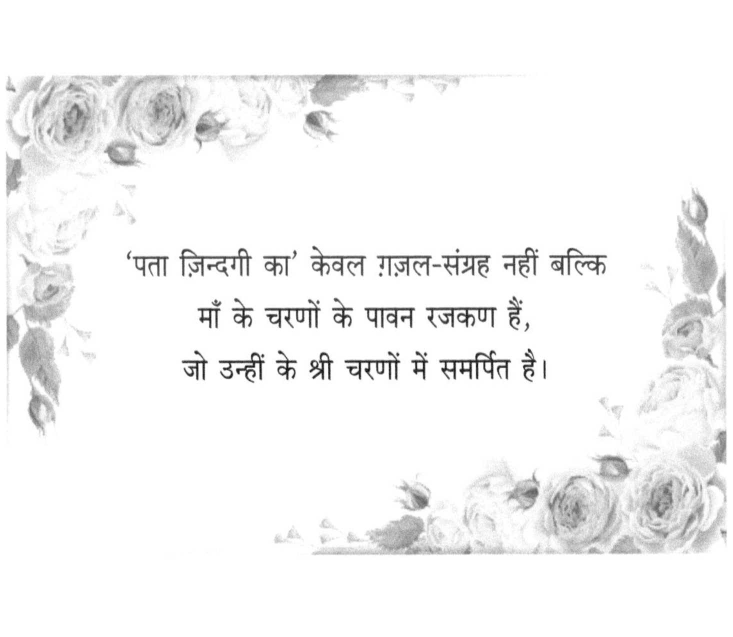

'पता ज़िन्दगी का' केवल ग़ज़ल-संग्रह नहीं बल्कि
माँ के चरणों के पावन रजकण हैं,
जो उन्हीं के श्री चरणों में समर्पित है।

1. सुब्ह होते ही आँखों के सामने माँ का आना और नज़र में भर जाना; उनके रूप में साक्षात् वाग्देवी के द्वारा आशीर्वाद मिलना और वही परिवर्तित होकर अल्फ़ाज़ में ढलना... तुझे आभार क्या कहूँ माँ; तू ही मैं हूँ, तेरे क़दमों पे जहां वार दूँ; ये तो कुछ भी नहीं, वो ख़ुदा वार दूँ... सब तेरा तुझे ही अर्पित माँ।

2. आदरणीय सुप्रसिद्ध कवि श्री संजीव सरगम जी को नेह नमन करती हूँ कि वे दूर रहकर भी काव्य सृजन हेतु हमारा हौसला-अफ़ज़ाई करते रहते हैं।

ख़ार की फ़ितरत हमें मालूम थी,
ज़ख़्म फूलों से भी हम पाने लगे।
यार की महफ़िल को 'पूनम' छोड़कर,
दुश्मनों की बज़्म में जाने लगे।

परिचय	: डॉ0 फूलकली 'पूनम'
नाम	: डॉ0 फूलकली गुप्ता 'पूनम'
पिता का नाम	: स्व0 राम पदारथ गुप्ता
माता का नाम	: श्रीमती धनपती गुप्ता
जन्म-स्थान	: ग्राम-रामापुर दिखौरा, जिला-सुलतानपुर उ0प्र0,
सम्पर्क	: व्हाइट हाउस, अन्तू रोड, अमेठी, जनपद-अमेठी (उ.प्र.)
मोबाइल नं0	: 9807836516
Email	: phoolkaligupta123@gmail.com
शिक्षा	: स्नातकोत्तर 1-संस्कृत, 2-म0इतिहास, 3-हिन्दी, बी0एड0, पीएच0डी0 (संस्कृत), सीनियर डिप्लोमा (हारमोनियम) प्रयाग संगीत समिति, इलाहाबाद, पत्रकारिता एवं जनसंचार में स्नातकोत्तर डिप्लोमा
सम्प्रति	: प्रधानाचार्या राजकीय बालिका इण्टर कॉलेज अमेठी, उ.प्र. जिला गाइड कमिश्नर, अमेठी

साहित्यिक एवं सांस्कृतिक सेवाएँ :

- प्रकाशित ग़ज़ल-संग्रह
  1. बोलती रोशनाई 2. आईने में चाँद
  3. रेत का समन्दर 4. बेख़बर वक़्त
- 31वीं अखिल भारतीय नाट्योत्सव इलाहाबाद 'हम भारत की बेटी हैं' में प्रशंस्य अभिनय।
- बैडटच (Bad Touch) टेली फिल्म में प्रमुखतम सकारात्मक किरदार (अभिनेत्री) के रूप में सशक्त अभिनय।
- पटेलसेवा संस्थान द्वारा 'लौह पुरुष सरदार पटेल स्मृति सम्मान-2017'।
- 'साहित्य रत्न सम्मान-2017।'
- अनेक अन्तर्राष्ट्रीय एवं राष्ट्रीय सेमिनारों में प्रतिभाग एवं प्रस्तुतीकरण।
- प्रादेशिक एवं राष्ट्रीय तथा अन्तर्राष्ट्रीय समाचार पत्रों और पत्रिकाओं में मुक्तक, गीत, ग़ज़लों का अनवरत प्रकाशन।
- 'आगमन' षष्ठ स्थापना दिवस समारोह 8 सितम्बर-2018।
- 'भाव कलश' रचनाकार सम्मान।
- अन्तर्राष्ट्रीय महिला दिवस-2019 The Fantastic Females (season-02)।
- तेजस्विनी एवार्ड-प्रसिद्ध संस्था आगमन द्वारा चतुर्थ वार्षिक समारोह एवं लोकार्पण काव्यकुम्भ अधूरा मुक्तक में सम्मानित।
- शैक्षणिक, सामाजिक एवं साहित्यिक गतिविधियों में महत्त्वपूर्ण योगदान देने के कारण अनेक सम्मान प्राप्त।

जाने किस डर से डरा है आदमी,
हो निडर हम आज तक डर ढूँढ़ते।
ले नहीं कुछ जा सके 'पूनम' वहाँ,
फिर भला क्यूँ ज़िंदगी भर ढूँढ़ते।

कुछ लफ़्ज़ मेरे

हेलो, मैं ग़ज़ल बोल रही हूँ, आप कौन?

अरे मैं जो भी हूँ पर आपको नहीं जानती, रॉंग नंबर।

अरे नहीं नहीं... रुको तो सही! मैं तुम्हारे अन्दर से ही बोल रही हूँ, हमसे इतनी बेरुख़ी क्यों? मैं तो तुम्हारी रूह हूँ मेरे बिना तुम ज़िंदा नहीं रह सकती हो। जब तक मैं हूँ तब तक तुम्हारी हस्ती है। क़यामत के बाद भी मैं रहूँगी और तुम भी रहोगी, मौत तुम्हें मार नहीं पायेगी। तुझमें मैं हूँ मुझमें तू है और तुम कह रही हो कि मुझसे अंजान हो। मैं तुम्हारी कस्तूरी हूँ कहाँ खोज रही हो सहरा और समन्दर, ख़ुशी और ग़म, ख़ूबसूरत और बदसूरत, दोस्त-दुश्मन, वफ़ा और ज़फ़ा, दूरियाँ नजदीकियाँ, हँसी और अश्क, रोशनी तीरगी, सफ़र और मंज़िल, राज़-राज़दां, इल्म-इल्मदां, अपने-पराये, मुहब्बत और नफ़रत, नाम-गुमनाम, नेकी और बदी, बोलती रोशनाई, आईने में चाँद, पता ज़िन्दगी का, रेत का समन्दर, बेचैन चाँदनी, बेख़बर वक़्त और बहुत कुछ मुझमें ही शामिल है। मैं बर्फ़ हूँ पिघलती जा रही हूँ। नदी और समन्दर भरते जा रहे हैं तुम कोई भी नाम दे दो, जो भी नाम दोगी वह वक़्त के वर्क़ पर लिखा जा रहा है कोई मिटा नहीं सकेगा, पूरी कायनात ख़त्म हो जायेगी पर मैं नहीं। क़यामत की कहानी मैं ही लिखूँगी। कुदरत ने लेखा-जोखा रखने की जिम्मेदारी मुझे ही सौंपी है, मैं ही लिखती हूँ, मैं ही कहती हूँ, मैं ही सुनती हूँ। तुम फिर आओगी तो तुम्हें मैं ही मिलूँगी, अपने रूप में, तुम्हारे रूप में, सबके रूप में। मैं सिर्फ़ ग़ज़ल हूँ कहो, गाओ, गुनगुनाओ। मैं इधर हूँ, उधर कहाँ देख रही हो, खिड़कियाँ और दरवाज़े खोलो।

ओह ग़ज़ल तुम! अरे तुम तो हमारी हो सिर्फ़ हमारी। मैं तुम्हारी हूँ ख़ुद में समा लो मुझे। आज कहीं घुमाने ले चलो वादियों में, चाँद-तारों पे। कहकशाँ से मुलाकात करा दो फिर समन्दर किनारे और इश्क़ की उन बदनाम और गुमनाम गलियों में जहाँ कोई आता-जाता नहीं है। मेरा हाथ थामो और कभी नहीं छोड़ना, आज ये वादा करो दुनिया तो वादा-शिकन है और तुम तो वादापरस्त हो। मैं तुम्हारे लिए कुछ भी कर सकती हूँ और कुछ भी सह सकती हूँ बस अब मेरी ही रहना। चलो आसमां तक चलते हैं। उस आसमान के आगे और भी आसमान हैं

क्या? चलो वहाँ भी घुमा दो। अरे मैं उड़ी जा रही, पंख बिना परवाज़ मिली, ओह मेरी जान-ए-ग़ज़ल तेरे सदके।

दोस्तों,

मेरे चारों ग़ज़ल संग्रह 'बोलती रोशनाई', 'आईने में चाँद', 'रेत का समन्दर' और 'बेख़बर वक़्त' की ही तरह इस ग़ज़ल संग्रह 'पता ज़िन्दगी का' को भी अपनी मुहब्बत से सराबोर करके अपनी पलकों का स्पर्श दीजिए, मैं विनयावनत रहूँगी।

(डॉ. फूलकली पूनम)

अनुक्रम

1

कुछ न बोलो आज तुम धड़कन सुनो।
शोर है कितना यहाँ पे, मन सुनो।

ये नज़र ख़ामोश है पर कुछ कहे,
बोलते धागों की भी उलझन सुनो।

ज़ुल्फ़ भी मेरी सँवारो आज तुम,
इसके सीने की ज़रा तड़पन सुनो।

ये हवायें भी हैं तुमसे बोलतीं,
सिर्फ तुम भी ध्यान से सन सन सुनो।

पायलों के घुँघरुओं में दिल छुपा,
तुम भी 'पूनम' गर कभी छन छन सुनो।

2

बेवफ़ा यादों में तेरी रो लिये।
क्या वज़ह थी गैर के तुम हो लिये।

कह पराई चीज क्यूँ कुचला इसे,
ज़ख़्मी कर वापस दिया दिल जो लिये।

बिस्तरों पे नींद अब आती नहीं,
नींद का बिस्तर लगाकर सो लिये।

ये ख़िज़ां चाहे, चमन महका हुआ,
जो मिला अब हम उसी के हो लिये।

अब वो 'पूनम' ली बसा दूजा जहां,
शाम-ए-ग़म को हम सहर से धो लिये।

3

सोचकर देखो जहां अपना नहीं।
ज़िंदगी है इक सफ़र रुकना नहीं।

मंज़िलें क़दमों को आके चूम लें,
रास्ते हों गर गलत चलना नहीं।

गर बुराई राह में पर्वत बने,
बात मानो तुम कभी झुकना नहीं।

ये पसीना फूल सा महके तिरा,
याद कर लो तुम कभी थकना नहीं।

है मुहब्बत गर यक़ीं हमपे करो,
कहने वालों की कभी सुनना नहीं।

लेके दौलत घूमते हर सू वो सब,
प्यारी 'पूनम' तू कभी बिकना नहीं।

4

वो शमां जलती रही है रात तक।
बात भी चलती रही है बात तक।

यें निगाहें मौत तक रोती रहीं,
अब्र भी रोया किये बरसात तक।

ज़िंदगी के मोड़ पे तुम मुड़ गये,
वो ख़ुशी केवल रही बारात तक।

बज़्म में उसके है इतनी कद्र ही,
हाथ उसके बस बढ़े सौगात तक।

लफ़्ज़ तो 'पूनम' के सबने ही सुना,
कोई तो पहुँचे मिरे जज्बात तक।

5

बज़्म से तेरी जो अब मैं जा रहा।
कब्र तेरे पास ही मैं आ रहा।

लोग रोते हैं ज़नाज़े से लिपट,
यार मेरा वो खड़ा हँसता रहा।

कब्र के अन्दर से आँखें बोलतीं,
खोल दो इनको अभी वो आ रहा।

अब ज़रा आवाज़ आती कान में,
गीत वो शायद नशे में गा रहा।

जश्न मनता रात भर 'पूनम' वहाँ,
घर रकीबों का उसे अब भा रहा।

6

दास्तान-ए-दर्द सुन हँसता रहा।
बेख़बर वो अनसुना करता रहा।

कुछ रहम आता नहीं सँगदिल तुझे,
ये कलेज़ा चाक ही करता रहा।

तू वफ़ा को हर जगह रुसवा करे,
मैं वफ़ा में जां फ़ना करता रहा।

बेवफ़ाई के तिरे चर्चे रहे,
अब हक़ीकत भी जहां कहता रहा।

आज 'पूनम' रात भर कहती रही,
संग उसके आसमां सुनता रहा।

7

ये परिंदे शाम को दर ढूँढ़ते।
आदमी भी मिट गया, घर ढूँढ़ते।

मैं तो बंजारा बना फिरता रहा,
वो निशां तेरे ज़मीं पर ढूँढ़ते।

ज़िंदगानी जुस्तजू में कट गई,
मिल ही जाता वो ख़ुदा गर ढूँढ़ते।

जाने किस डर से डरा है आदमी,
हो निडर हम आज तक डर ढूँढ़ते।

ले नहीं कुछ जा सके 'पूनम' वहाँ,
फिर भला क्यूँ ज़िंदगी भर ढूँढ़ते।

8

साथ उनके दूसरा बसता रहा।
झूठ को ही सच सदा कहता रहा।

अक्स बन वो हम क़दम उनका रहे,
नींद में हरदम ही वो छुपता रहा।

ख़्वाब में अक्सर यही उनसे कहे,
मेरे घर में कौन ये पलता रहा।

आदमी ख़ुद से परेशां ही दिखे,
सर के पीछे सर कोई दिखता रहा।

जुस्तजू 'पूनम' की पूरी हो गई,
संग उनके ख़ुद ही ख़ुद बसता रहा।

9

गर कहें वो कहकशां को तोड़ लूँ।
इन हवाओं का भी रुख़ मैं मोड़ लूँ।

मैं सितारों को बिछा दूँ पाँव में,
चाँद से भी अपना रिश्ता जोड़ लूँ।

मौज दरिया की बसा के आँख में,
मैं नदी से वो समन्दर जोड़ लूँ।

पर्वतों को दूँ झुका दहलीज पर,
झील को लाकर किनारे मोड़ लूँ।

हो इज़ाज़त आज गर 'पूनम' तिरी,
आसमां के ऊँचे पर को तोड़ लूँ।

10

भीड़ बनता जा रहा है आदमी।
ख़ुद से पिसता जा रहा है आदमी।

जिस तरफ़ नज़रें उठाओ दौड़ है,
अब सरकता जा रहा है आदमी।

शोर है भारी दबी आवाज़ है,
होंठ सिलता जा रहा है आदमी।

गाँव भी देखो शहर जैसा लगे,
छत पे चढ़ता जा रहा है आदमी।

उसका हँसना रोने के जैसा लगे,
सब बदलता जा रहा है आदमी।

ली उड़ा चिनगारियों को ये हवा,
भय में मरता जा रहा है आदमी।

आग पानी में लगे है मौज से,
उसमें गिरता जा रहा है आदमी।

पाँव के नीचे हैं अंगारे बिछे।
ओह जलता जा रहा है आदमी।

उसके दिल में है बड़ा गुस्सा भरा,
ख़ुद ही सहता जा रहा है आदमी।

आदमी भी इक शजर 'पूनम' कहो,
जड़ से कटता जा रहा है आदमी।

11

था हमें गुस्सा, सफ़र तक, चुप रहो।
पर उतारा दोपहर तक चुप रहो।

हम करेंगे काम क्यूँ, अब साथ में,
काम है आख़िर पहर तक चुप रहो।

तुम ज़ुबां खोलोगे कैसे बंद है,
है पहुँच मेरी शहर तक चुप रहो।

रास्ता रोकेंगे ये पत्थर बड़े,
तुम नहीं पहुँचोगे दर तक चुप रहो।

मंज़िलें 'पूनम' अमीरों को मिलें,
बेक़सों का घर शजर तक चुप रहो।

12

ज़िंदगी का सब ज़हर पीना पड़ा।
ज़ख़्म कोने में वहीं लेटा पड़ा।

देखकर आँखो के पानी को डरे,
ग़म के दरिया में नज़र धोना पड़ा।

तब हवाओं से बचा करते रहे,
आँधियों में भी सफ़र करना पड़ा।

दौर वो था बात पर ही रो पड़े,
अब कलेजा जब फटा रोना पड़ा।

जो हमारे थे पराये हो गये,
ग़ैर का ही साथ ले चलना पड़ा।

आशियां जलता रहा देखा किये,
होश आया जब मुझे जलना पड़ा।

तू अमर 'पूनम' बता कैसे हुई,
दर्द में भी रात दिन सजना पड़ा।

13

आग इक दिल में छुपाये आदमी।
है समन्दर ये बताये आदमी।

कह रहे हैं ये सभी, उनसा कहाँ,
अब कसीदा ख़ुद पढ़ाये आदमी।

है नहीं औक़ात वाला सामने,
आसमां ख़ुद को बताये आदमी।

रूप उसका आईने को डाँटता,
ख़ुद को ही सुंदर बताये आदमी।

आज तक ख़ुद को न देखा ग़ौर से,
आईना ख़ुद को बताये आदमी।

दौलतों का है नशा बेकार ये,
कह यही दौलत कमाये आदमी।

है पता उसको की ये मुमकिन कहाँ,
बूँद में दरिया समाये आदमी।

बेख़बर होकर सभी को दे ख़बर,
वक़्त को भी आज़माये आदमी।

ये तो सच है एक क़तरा ही हो तुम,
अब्र 'पूनम' को बताये आदमी।

14

काश हम उन परिंदों से भी सीखते।
सरहदें कुछ नहीं हम यही सीखते।

एक पल को भी बेकार जाने न दूँ,
ज़िंदगी कीमती है यही सीखते।

ख़ूब लेकर मज़ा काम करते रहें,
छीन करके न खायें यही सीखते।

ये फ़लक है सभी का उड़ें हम सभी,
ये हवायें न बँटतीं यही सीखते।

रातरानी सी 'पूनम' महकती रही,
कैद ख़ुशबू न होती यही सीखते।

15

आदमी आदमी से परेशान है।
ख़ुद-ब-ख़ुद उलझनों से वो हैरान है।

झूठ को सच की दहलीज पर रख दिया,
सच ये सदियों से देखो तो हलकान है।

अपने क़दमों से कुचले खिले फूल वो,
अब ख़ुदा आसमां पे पशेमान है।

ज़ुल्म सैय्याद करते बड़े शौक से,
जान बुलबुल की लेना यही शान है।

पंखुड़ी जब कली की बिखेरा यहाँ,
याद रखना की कोई निगेहबान है।

क्या खरीदोगे मुझको अरे बेख़बर,
दिल है मेरा न कोई ये सामान है।

छोड़कर जायेगा, तन तुम्हारा नहीं,
बूँद शबनम पे ही तुझको अभिमान है।

लोग 'पूनम' की साँसों पे पहरा रखें,
वक़्त का है करम वो मेहरबान है।

16

धड़कनें मुझको दिल की सुनाई न दें।
आप मशरूफ़ इतने दिखाई न दें।

चंद लम्हा मिला ये गुज़र जायेगा,
बेरुख़ी से इन्हें अब बिदाई न दें।

ख़ार राहों से मैं तो उठाता रहा,
धूल को रौंदने की बुराई न दें।

आप हँसते रहें जान लेके मिरी,
इल्तिज़ा है यही जग हँसाई न दें।

रोशनी ही करे चाँद हो या दीया,
मुझको सौगात 'पूनम' पराई न दें।

17

पंख पे वो परिंदे चले जा रहे।
आदमी ये क़दम पे उड़े जा रहे।

खोजते यार क्या गुम हुआ कुछ तेरा,
जो ज़मीं पे नज़र से गड़े जा रहे।

क्या पकड़ना तुम्हें है बताओ ज़रा,
मिल सभी आप सब क्यूँ लड़े जा रहे।

आसमानों से देखा तो ऐसा लगा,
जैसे माटी के सारे घड़े जा रहे।

बात मन में है क्या तुम बताओ ज़रा,
अपने अन्दर ही क्यूँ अब कुढ़े जा रहे।

हमसे क्या चाहिए तुमने सोचा है क्या,
खोलकर बोल दो क्यों पड़े जा रहे।

हमसफ़र थे मेरे अब तलक आप ही,
ख़ार को देखकर क्यों मुड़े जा रहे।

बात 'पूनम' को माँ ने सिखाया यही,
सर झुकाओ अदब से, बड़े जा रहे।

18

फूल बनके चमन में महकती रहूँ।
धूल बनके क़दम से लिपटती रहूँ।

मैं वो चूनर बनूँ, आरज़ू है यही,
आप आयें तो सर से सरकती रहूँ।

आप आँखों से मुझको पिलाते रहें,
सुब्ह से शाम तक मैं बहकती रहूँ।

चाँदनी की चमक मेरे रुख़ पे रही,
रात भर तेरे दर पे चमकती रहूँ।

आज 'पूनम' के हाथों में है आसमां,
बन पताका वहाँ तक फहरती रहूँ।

19

चाँद था हमसफ़र रात सुनसान थी।
उनके बिन ज़िंदगी मेरी बीरान थी।

शौक से खेलते वो खिलाड़ी बड़े,
इश्क़ के खेल में मैं ही नादान थी।

मेरी धड़कन में हरदम वो धड़का किये,
वास्ते उनके मैं एक सामान थी।

तोड़ डाला मिरा दिल मिरे सामने,
कहने को ख़ुद मैं उसकी निगेहबान थी।

तुमसे रिश्ता है क्या, कहके ये चल दिये,
वो समां और था उनकी ही जान थी।

होश खोया रहा ये कहाँ आ गये,
रात भर घूमती मैं तो शमशान थी।

ये निगाहें है दुश्मन न मानें कहा,
बात ये सोच 'पूनम' परेशान थी।

20

पंख तुम इन तितलियों के तोड़ो नहीं।
कितनी मासूम हैं राह रोको नहीं।

उस ख़ुदा ने नज़ारे बनाकर दिये,
लुत्फ़ लेते रहो आँख मोड़ो नहीं।

क़ैद घर में न हरगिज गुलों को करो,
ख़ुशबुओं को मिरे यार टोको नहीं।

जान देते जो तुमपे लगा लो गले,
यूँ पतंगे को बेज़ान छोड़ो नहीं।

कह रही है ये 'पूनम' कहा मान लो,
आप ख़ुदगर्ज़ से हाथ जोड़ो नहीं।

21

याद धड़कन में आती बुलाये बिना।
लौटती ही नहीं ज़ख़्म पाये बिना।

इश्क़, चिलमन उठाने को तरसा करे,
हुस्न कुछ भी नहीं रुख़ छुपाये बिना।

रात भर नींद में हम तो सोये रहे,
ख़्वाब माने नहीं रोज़ आये बिना।

पूरी दुनिया में नज़रें मिलें एक से,
ढूँढ़ लेती हैं उसको बताये बिना।

आरज़ू उनकी हमको, मिलें जल्द ही,
मन तड़पता नहीं दिल को भाये बिना।

आज उनकी गली से गुज़रना नहीं,
पर न मानें क़दम मेरे जाये बिना।

कर तो लें हम मुहब्बत मगर सच यही,
पूरी उल्फत न होती निभाये बिना।

हर फ़साने में 'पूनम' तुम्हीं हो बसे,
ये कहानी है क्या ज़िक्र लाये बिना।

22

साथ तुमने चमन तक हमारा दिया।
नाम लिख सब गुलों पे तुम्हारा दिया।

गर्दिशों में कोई साथ देता नहीं,
टूटे पत्ते को तुमने सहारा दिया।

ये नज़ारे न भायें तुम्हारे बिना,
शुक्र नज़रों को तुझसा नज़ारा दिया।

ये जहां कुछ नहीं गर मुहब्बत न हो,
ये धड़कता हुआ दिल जो प्यारा दिया।

ये समन्दर की मौजें फ़ना हों जहाँ,
उस ख़ुदा ने तभी तो किनारा किया।

साथ 'पूनम' के जुगनू चमकते रहे,
हम रखेंगे कहाँ गर सितारा दिया।

23

हाल गर पूछते, लफ़्ज़ घटते नहीं।
ज़ख़्म के सब निशां सबको दिखते नहीं।

ज़िंदगी नाम चलना चले जा रहे,
हमसफ़र के बिना दिल सँवरते नहीं।

मौत है ज़िदगी राज़ जो जानते,
ज़ुल्म के सामने शख़्स झुकते नहीं।

ज़ख़्म दें गर कटारों से मिट जायेंगे,
ज़ख़्म बातों के अक्सर ही मिटते नहीं।

नाम काग़ज़ पे लिक्खोगे गल जायेगा,
पत्थरों पर लिखो वो तो घुलते नहीं।

रोज़ आते हो महफ़िल में मिलने हमें,
ग़ैर के सामने मिलके मिलते नहीं।

पढ़ सको गर पढ़ो सूनी आँखें ज़रा,
कौन कहता है के ख़्वाब पलते नहीं।

दिल जला करके 'पूनम' को रोशन किया,
आँधियों में दिये सारे जलते नहीं।

24

कितना ख़ुदगर्ज़ है आदमी देखिये।
साथ जायेगा क्या ये ज़रा सोचिये।

होंठ जो बोलते वो दिखावा रहा,
कुछ बताता अलग, आप कुछ पूछिये।

जाति का आवरण ओढ़ सबसे मिला,
पर कहे मेरा सुंदर बदन देखिये।

प्यास उसकी अगर जानलेवा बनी,
ये तो पानी है पानी मुझे दीजिये।

मैं हूँ पत्थर ज़माना मुझे बोलता,
मोम कहने लगा जो ज़रा रो दिये।

मयक़दे में न जाओ कहा मान लो,
इन निगाहों से पीकर ज़रा देखिये।

आप आते नहीं घर सँवरता नहीं,
आईना वो कभी तो इधर भेजिये।

ये ख़ुदाई न चाहूँ तुम्हारे सिवा,
आप चाहें तो मेरा ख़ुदा लीजिये।

आशियां तुम बना लो नये हर तरफ़,
पर पुराना नशेमन नहीं बेचिये।

ये हवायें ख़ुशी की चुनर ले उड़ीं,
पर दुपट्टा गमों का पकड़ ही लिये।

बात में दम न था फ़र्श पर जब रही,
अर्श पर जाते ही अब असर देखिये।

ज़श्न 'पूनम' के घर में मनाया करो,
डूबकर ज़िंदगी का मज़ा लीजिये।

25

रो रहा है अकेला खड़ा वो शजर।
रात में उड़ती उसको मिली इक ख़बर।

काटने की जुगत में लगे हैं सभी,
हाय तड़पूँगा कितना नहीं ये ख़बर।

जब से रोपा हमें तब से क्या-क्या किया,
सब लुटाने पे भी वो रहे बेअसर।

मैं जवां हूँ और जीने की है लालसा,
ख़ूबसूरत बदन क्यों न आये नज़र।

रातभर मेरी बेटी बिलखती रही,
मेरे पापा न जाओ मुझे छोड़कर।

एक नाता मिरा प्यारी बुलबुल से है,
ये नशेमन उजाड़ो न ऐ हमसफ़र।

हाथ को जोड़कर कहती 'पूनम' यही,
काट लो तुम मुझे काटना है अगर।

26

नाज़ पलकों पे जिसका उठाते रहे।
बेरुख़ी से मुझे वो रुलाते रहे।

चैन से सोये जो नींद लेकर मिरी,
रातभर वो मुझे अब जगाते रहे।

इक नशेमन बना उनको हँसकर दिया,
आज कोने में मुझको बिठाते रहे।

लाड़ से वो निवाला खिलाया जिन्हें,
पेट भरने को बस वो खिलाते रहे।

लोरियाँ गाके जिनको सुलाया सदा,
डाँट करके मुझे अब सुलाते रहे।

हम पराये हुये बदनसीबी मिरी,
गैर से वो बख़ूबी निभाते रहे।

अब ख़िज़ां को भी 'पूनम' ने अपना कहा,
वो चमन में ही महफ़िल सजाते रहे।

27

शम्मा बुझने लगी आप आये नहीं।
एक पल को भी पलकें झुकाये नहीं।

मेरे होंठों की कलियाँ भी चुपचाप हैं,
मुद्दतें हो गई मुस्कुराये नहीं।

वो तराने न जाने कहाँ खो गये,
गीत हमने कोई कब से गाये नहीं।

ज़ज़्ब करके रखा दिल में वो दर्द-ओ-ग़म,
दोस्तों को कभी भी सुनाये नहीं।

गर मुहब्बत न थी दिल्लगी क्यूँ किया,
गर किये तो वफ़ा क्यूँ निभाये नहीं।

दर्द सहने की आदत भी 'पूनम' को है,
ज़ख़्म नासूर हैं पर दिखाये नहीं।

28

चाँदनी रात में मन मिरा खो गया।
देखते देखते आपका हो गया।

चाँद छुप सा गया रूप तेरा दिखे,
मेरे महबूब ये क्या ग़ज़ब हो गया।

रात भर तेरे जलवों में खोये रहे,
चाँद थककर बिचारा वहीं सो गया।

दिल ये उनका हुआ कुछ ख़बर ही नहीं,
मुड़ न देखा हमें वो उधर जो गया।

डर यही था जो 'पूनम' न छत पे चढ़े,
सोच रक्खा था क्या देखो क्या हो गया।

29

इश्क़ करना नहीं, है ये कहते सभी।
दर्द से दिल के हँस करके मिलते सभी।

लाख समझायें दिल को नहीं मानता,
दिल के हाथों ही हैरान दिखते सभी।

सब तसव्वुर में महबूब खोजा करें,
वो मुहब्बत भरे ख़त हैं लिखते सभी।

कौन ऐसा जिसे रोग ये छोड़ता,
इस ज़हर को दवा ही समझते सभी।

नाम पे यार के अश्क भर आते हैं,
अब समन्दर छलकते ही रहते सभी।

प्यार में हैं पिघल जाते पत्थर सभी,
बिन लिखे, देखे, पन्ने हैं पढ़ते सभी।

30

जान उल्फ़त में सब लोग देते नहीं।
रस्मे उल्फ़त निभाना यूँ आये नहीं

यार ही ज़िंदगी यार ही मौत है,
फलसफ़ा इश्क़ का सब समझते नहीं।

दर्द-ए-दिल के बिना क्या मज़ा जीने में,
जलते परवाने, पर आह भरते नहीं।

साँस को वार दो अपने महबूब पर,
इश्क़ में लोग मरके भी मरते नहीं।

राज़ 'पूनम' ख़ुशी के, कहें लोग सब,
घिरके तूफां में भी सब्र खोते नहीं।

31

ख़ार तुम रास्ते से उठाते रहो।
रात में इक दिया ही जलाते रहो।

राह गर ढूँढ़ता कोई राही मिले,
रास्ता सच का उसको दिखाते रहो।

कितने मशरूफ़ हैं आप, हम जानते,
मेरी महफ़िल में भी आप आते रहो।

चंद दिन की हैं साँसें ये सबको पता,
यार से दोस्ती भी निभाते रहो।

देखकर तुमको आँखें चमक जायें गर,
बेकसों के भी घर आप जाते रहो।

तुम चमन में गये गुल महकने लगे,
ऐसे गुलशन को 'पूनम' हँसाते रहे।

32

मुफ़लिसी में मुस्कुराना चाहिए।
सँग फ़कीरी का निभाना चाहिए।

प्रेम की दौलत लुटाते ही चलो,
बादशाही गीत गाना चाहिए।

तीरगी को रौशनी से दो मिला,
इक दिया घर में जलाना चाहिए।

जिसके हो नूरे नज़र तुम आज तक,
साँस में उनको बसाना चाहिए।

देखकर जो यार तुमको ख़ुश न हो,
घर कभी उसके न जाना चाहिए।

साथ जुगनू का मिला गर राह में,
प्यार से उसको सजाना चाहिए।

प्यार में नफ़रत छुपी 'पूनम' दिखे,
तब मुहब्बत आज़माना चाहिए।

33

प्यार गर मुझसे बताया भी करो।
देखकर अब मुस्कुराया भी करो।

कल मिलोगे शाम को जब तुम मुझे,
ज़ुल्फ़ के साये सुलाया भी करो।

रात-दिन हम राह तेरी देखते,
जा रहे हो जल्दी आया भी करो।

भीड़ में बैठे हों फिर भी जान-ए-मन,
तुम इशारों से बुलाया भी करो।

मैं नशे में डूब जाना चाहता,
यूँ निगाहों से पिलाया भी करो।

लग न जाये चाँद की तुमको नज़र,
तुम रुख़े रौशन छुपाया भी करो।

वो चमन के गुल न तुमको चूम लें,
साथ में मुझको तो लाया भी करो।

गेसुओं से खेलती है ये हवा,
सर दुपट्टे से छुपाया भी करो।

हैं कई ज़ख़्म-ए-जिगर रस्ते में ही,
तुम क़दम अपने बचाया भी करो।

गेसुओं को रोक लो बिखरें नहीं,
बात 'पूनम' मान जाया भी करो।

34

थम उठी है रात धड़कन बोलती।
चल उठी है बात धड़कन बोलती।

दिल हमारा जब किसी का हो गया,
जग उठे ज़ज्बात धड़कन बोलती।

वो हवायें झूमकर लहरा गईं,
सज गई बारात धड़कन बोलती।

ये सितारे नूर बरसायें सभी,
आ गई सौगात धड़कन बोलती।

ज़िंदगी रंगीन 'पूनम' आज है,
ख़ुश बड़ी बरसात धड़कन बोलती।

35

मंदिरों में जो दिया सजता रहा।
माँ तिरी आँखों से ही मिलता रहा।

है मिरी दुनिया समाई आप में,
बन हँसी होंठों की तू खिलता रहा।

रौशनी ज्यों बन दुआयें घूमती,
छाँव में आँचल तले चलता रहा।

धूप की पड़ती तपिश को माँ सहे,
मैं तो नाज़ों से सदा पलता रहा।

ज़िंदगी कुर्बान तुझ पर माँ करूँ,
धड़कनों में साँस बन चलता रहा।

36

राह में गर जाओ मिल तो सोचिये।
धड़कनों से जान मिलती देखिये।

छुप गये थे तुम कहाँ वर्षों तलक,
छीनकर आँखों की रौनक बोलिये।

बाजुओं में तुम रकीबों के रहे,
हम शजर पे सर टिकाके रो लिये।

आपके क़दमों में दिल को रख दिया,
राज़-ए-दिल हमसे ज़रा तो खोलिये।

मैं तसव्वुर में तुझे खोजा करूँ,
रूबरू नज़रों के 'पूनम' आइये।

37

लौ शमा की रात भर जलती रही।
ज़िंदगी भी धड़कनें गिनती रही।

वक़्त को, जो क़ैद कर ले, है कहाँ,
इन पलों में भी सदी बसती रही।

आशियाना इक बनाया उम्र भर,
लेके आँधी अब उन्हें उड़ती रही।

चीज दी किसने उधारी की हमें,
बिन बताये छीनकर चलती रही।

सोचकर देखा तो ये ज़ाहिर हुआ,
ज़िंदगी में मौत भी पलती रही।

चलके 'पूनम' आज उसको देख लें,
दिलरुबा जो आज तक छुपती रही।

38

वादियों में तुम न यूँ घूमा करो।
आईना मुझको बना देखा करो।

दे रहे हैं अब दुआयें गुल तुम्हें,
बनके तुम ख़ुशबू सदा महका करो।

आसमां से वो घटायें झुक गईं,
ज़ुल्फ़ के बादल न तुम खोला करो।

हो गई है अब नशीली ये हवा,
गीत गाकर तुम न यूँ झूमा करो।

बन गई हैं ज़ाम लहरें देखिये,
दरिया का पानी नहीं चूमा करो।

रूप 'पूनम' चाँदनी सा है खिला,
चाँद को भी ओट से देखा करो।

39

ताज-ए-दौलत का नशा कुछ और है।
पर मुहब्बत का नशा कुछ और है।

ज़िंदगानी नाम कर दो देश के,
इस शहादत का नशा कुछ और है।

मार दो सय्याद लो बुलबुल बचा,
इस हिफ़ाजत का नशा कुछ और है।

वो गिला करते .. रहे हैं उम्र भर,
उस शिकायत का नशा कुछ और है।

हैं कई रिश्ते ज़माने में मगर,
उनकी चाहत का नशा कुछ और है।

ज़ुल्फ़ के साये में 'पूनम' सो गये,
ऐसी फुरसत का नशा कुछ और है।

40

कौन है दिल की पनाहों में बसा।
साँस बनकर मेरी साँसों में बसा।

छुप रहे हो क्यूँ, निगाहें खोजतीं,
ये भी सच है तू निगाहों में बसा।

आँख जाने ही नहीं, दिल जानता,
आज भी वो मेरी आहों में बसा।

ख़ुद-ब-ख़ुद ज़ुल्फ़ें मिरी साया करें,
सो रहा वो इनकी छाहों में बसा।

रात दिन धड़कन में वो धड़का करे,
वो भले गुमनाम गाँवों में बसा।

ये क़दम ठहरे ज़रा क्यूँ मोड़ पे,
देख 'पूनम' वो ही राहों में बसा।

41

आदमी को क्यूँ बनाया आपने।
माटी का पुतला सजाया आपने।

गर बनाया ही, अलग क्यूँ कर दिया,
कर दिया अपना पराया आपने।

ज़िंदगी मेरी मगर अपनी नहीं,
क्यूँ उधारी की दिलाया आपने।

धड़कनों की जुस्तजू वो कौन है,
आरज़ू जिनकी जगाया आपने।

चंद साँसों पे भी पहरा कर दिया,
दोस्ती कैसी निभाया आपने।

रूप को मेरे बना गुम हो गया,
ये पहेली क्यूँ बुझाया आपने।

दर-ब-दर 'पूनम' तुझे अब खोजती,
मुझमें ही ख़ुद को छुपाया आपने।

42

पंख पे मन मेरा उड़ता जा रहा।
रंग राहों में बिखरता जा रहा।

ऐ हवा तुम ले चलो मुझको वहाँ,
चाँद भी देखो वो हँसता जा रहा।

सँग सितारों के रहूँ मैं रात-दिन,
चाँदनी से रुख़ निखरता जा रहा।

बादलों के साथ मैं खेला करूँ,
थक गया वो आज कहता जा रहा।

ये तसव्वुर का दुपट्टा देखिए,
आसमां पे भी फहरता जा रहा।

आप 'पूनम' ख़्वाब में खोई रहीं,
होंठ को अल्फ़ाज़ मिलता जा रहा।

43

पाँव की पायल तुम्हारे नाम की।
बात कहती जा रही कल शाम की।

है बड़ा दुश्मन ज़माना ये कहा,
पर वो बोली फ़िक्र क्या अंज़ाम की।

नाम मेरा वो हवाओं में लिखें,
ख़ुशबू ले आई, हवा पैग़ाम की।

इक झलक से होश खोया ही रहा,
क्या ज़ुरूरत मैक़दे के ज़ाम की।

गर बयां करना पड़े ये इश्क़ क्या,
चिट्ठियाँ 'पूनम' लिखे बेनाम की।

44

ले तड़प मेरी पपीहा बोलता।
तिश्नगी का वादियों में शोर सा।

था समन्दर प्यास मेरी वो कहे,
ये किनारा राज़ मेरे खोलता।

ऐ मिरे हमदम छुपे क्यूँ अब तलक,
कौन क़दमों को तुम्हारे रोकता।

प्यार का आया समां, पर तुम नहीं,
अब चमन रस्ता तुम्हारा देखता।

इन नज़ारों में तूही 'पूनम' दिखे,
जो हक़ीकत था बना अब ख़्वाब सा।

45

हर तरफ़ बस बात तेरी ही रही।
चाँदनी बेचैन सी फिरती रही।

चाँद को देखा नहीं इक भी नज़र,
हर नज़र तेरी गली तकती रही।

रात भर मय को किसी ने कब छुआ,
हर किसी पर बेख़ुदी दिखती रही।

घर से सब निकले थे तख़्तो ताज़ ले,
मुफ़लिसी सूरत पे अब दिखती रही।

इक झलक खिड़की पे वो जो आ गये,
देखने की होड़ सी मचती रही।

वो सबा घर से निकलकर आये तो,
चूमने की सबको ही जल्दी रही।

हुस्न के जलवे से वे बेसुध हुये,
पर क़लम 'पूनम' तिरी लिखती रही।

46

इक नज़र उनकी क़यामत बन गई।
जाने कितने दिल की हसरत बन गई।

आज तक जाना नहीं दिल चीज क्या,
इक अदा अब मेरी उल्फ़त बन गई।

इक मुहब्बत के सिवा क्या की ख़ता,
वो भी दुनिया की शिकायत बन गई।

उनके दिल में चैन से रहते रहे,
ज़िंदगी भी अब नफ़ासत बन गई।

इश्क़ को कहते ख़ुदा का नूर है,
आज वो 'पूनम' पे रहमत बन गई।

47

शाम को उनकी गली में सब रहे।
हम अकेले ही रहे वो जब रहे।

मुड़ नहीं देखे जिन्हें वो आज तक,
पूछते हैं लोग की वे कब रहे।

खिड़कियों पे भीड़ काफ़ी आपकी,
देखने की आस में सब दब रहे।

आपके मन को छुई किसकी नज़र,
सच कहूँ मैं आप कितने फब रहे।

तिश्नगी 'पूनम' तिरी है बन्दगी,
कब ग़वारा, ये नशीले लब रहे।

48

उनकी राहें, चाँद देखे रातभर।
वो नहीं छत पे चढ़े बरसात भर।

एक दिन मेरी गली से क्या गये,
बात अब चलने लगी, थी बातभर।

कर ही देते हैं नज़र उनको ये दिल,
जग उठे वो जो ज़रा जज्बात भर।

नींद मेरी छीनकर पागल कहें,
लग रहा वो भी जगे हैं रात भर।

गर नहीं आओगे 'पूनम' घर मिरे,
हम नहीं लेंगे तिरी सौगात भर।

49

प्यार से हमको बुलाती दोपहर।
बात उनकी है बताती दोपहर।

मुझसे मिलने आयें नंगे पाँव वो,
उन दिनों की याद लाती दोपहर।

रूप उनका था हसीं खिलता कँवल,
संग उनके गुनगुनाती दोपहर।

नाज़ुकी थी पाँव में भी फूल सी,
नाज़ उनके सब उठाती दोपहर।

इक सदी गुज़री ख़बर आई नहीं,
याद उनकी ला रुलाती दोपहर।

धूप उनके साथ साया सी लगे,
अब नहीं हमको सुहाती दोपहर।

वो ज़माने प्यार के 'पूनम' तिरे,
धड़कनों में है सजाती दोपहर।

50

मेरी आहों से समन्दर रो रहा।
अपनी लहरों से ही आँखें धो रहा।

ले फिरूँ ज़ख़्म-ए-ज़िगर मैं रेत पर,
अश्क के मोती ज़मीं पे बो रहा।

अब नहीं मेरे कोई अपने रहे,
वो पराया हो गया अब, जो रहा।

वो ज़नाज़ा हूँ जो ख़ुद काँधे चलूँ,
मैं अकेला बोझ इसका ढो रहा।

इक सदी गुज़री मैं सोया ही नहीं,
बेवफ़ा वो सज सँवर के सो रहा।

जब लहर आई तुझे झुकना ही है,
तू नशे में ही खड़ा क्यूँ खो रहा।

51

ये क़दम राहों में उनके आ गये।
लाख रोका वो नज़र को भा गये।

इस ज़माने में नहीं तुमसा कोई,
ये मुक़द्दर है तुम्हें जो पा गये।

ये बहारें नूर तुमसे माँगतीं,
अब नज़ारों पर तुम्हीं तुम छा गये।

कितने जलवे पर कोई भाया नहीं,
इक झलक में ही ग़ज़ब वो ढा गये।

रंग उल्फ़त का न 'पूनम' छूटता,
गीत इसके दिल सभी ही गा गये।

52

रंग-ए-उल्फ़त बिन जहां बेकार है।
चाँद बिन ज्यों आसमां बेकार है।

हो छुपी गर राख में कुछ आग भी,
वरना तो झूठा धुआं बेकार है।

बात को जो क़ैद कर सकता नहीं,
फिर तो ऐसा राजदां बेकार है।

लब अगर लब के न साथी बन सकें,
सच कहूँ वो हमज़ुबां बेकार है।

गर छुपा ख़ंजर चलें वो साथ में,
फिर सफ़र का कारवां बेकार है।

कामयाबी का नशा गर हो नहीं,
बेवज़ह का इम्तिहां बेकार है।

गर ज़माने को न सच बतला सके,
तेरे क़दमों का निशां बेकार है।

53

मंज़िलें मिल जायेंगी गर ठान लो।
हौंसलों का बस कहा तुम मान लो।

तुम कहो तो हम मुहब्बत दें बिछा,
नेमतें क्या तुम हमारी जान लो।

लो नशेमन मेरी नज़रों में बना,
चाँदनी का इक नया सामान लो।

नाम को लिखकर तिरे चूमा करूँ,
ये हक़ीकत है इसे भी जान लो।

ज़िंदगी 'पूनम' के क़दमों में रहे,
आशिक़ी में दिल का ये फ़रमान लो।

54

रात ज़ुल्फ़ों को मिरी सज़दा करे।
चाँद मुझको देखकर आहें भरे।

है निशाना इन निगाहों का जहां,
ज़िंदगी क्या मौत भी मुझपे मरे।

ये बहारें इक झलक माँगें सदा,
वो चमन गलियाँ मिरी चूमा करे।

झील नज़रों में उतरना चाहती,
वो किनारा देख पलकों को डरे।

तुम भी 'पूनम' को कभी अब देख लो,
अक्स को उसके ख़ुदा देखा करे।

55

आपके अन्दर छुपा वो कौन है।
हाथ में ख़ंजर दिखा वो कौन है।

फूल लेकर आप आगे बढ़ रहे,
है क़दम उसका रुका वो कौन है।

झूठी बातों में तिरे हम खो गये,
आईना सच का ढँका वो कौन है।

आप तो अनमोल हैं कहते रहे,
एक कौड़ी में बिका वो कौन है।

कर रहा तुमको इशारा दूर से,
दो तुम्हीं थे तीसरा वो कौन है।

होंठ को मेरे कली सा तुम कहो,
ख़ार देता है बिछा वो कौन है।

रोशनी देने में तुम हैरां दिखे,
दीप सब देता बुझा वो कौन है।

आशियां तुमने परिंदों को दिये,
पंख पर देता जला वो कौन है।

छीन लेना चाहता हस्ती मिरी,
इन हवाओं को पता वो कौन है।

आप कहते हो जरूरी है शजर,
साँस को देता घटा वो कौन है।

तार 'पूनम' से तो तुम जोड़े रहे,
पर न अब तक जुड़ सका वो कौन है।

56

हम अनाड़ी थे मुझे सब छल गये।
हाथ छूके चाल अपनी चल गये।

अब कई सूरत छुपी उनमें मिली,
आज वो आये हैं दूजे कल गये।

था ज़हर पीछे, भरी आगे शहद,
ध्यान से देखा तो अरमां जल गये।

चैन आता ही न था देखे बिना,
अब वही आँखों को मेरे खल गये।

है बड़ी चालाकियाँ सबमें भरी,
साथ 'पूनम' के गुज़र वो पल गये।

57

ये अज़ब दुनिया बड़ी ख़ुदग़र्ज है।
बात में केवल ही दिखता फ़र्ज़ है।

ले उधारी गर गये वो आपसे,
भूल जाते हैं कि उन पर कर्ज़ है।

नेकियाँ लाखों करो लिखते नहीं,
एक गलती हो गई वो दर्ज़ है।

रात-दिन दौलत कमाके रख रहे,
पर सभी को तिश्नगी का मर्ज़ है।

होंठ पर ताले न मेरे लग सके,
बात सच कहने में अब क्या हर्ज़ है।

58

कौन है छुपके आवाज़ देता रहा।
सूनी धड़कन पे वो साज़ देता रहा।

मेरे ख़्वाबों की ज़ीनत यहीं है कहीं,
मेरे अरमां को परवाज़ देता रहा।

कल की बातें मुझे याद अब तक रहीं,
मुझको हर दिन नया ताज देता रहा।

ज़िंदगी नाम की, जीना था ही नहीं,
वो नया एक अंदाज़ देता रहा।

बेवज़ह लग रही थी ये दुनिया मुझे,
पर ख़ुशी का वो आगाज़ देता रहा।

59

हमने देखा है गुल को बिखरते हुये।
पत्थरों को भी देखा सिसकते हुये।

लोग कहते हैं बादल तो बेदर्द हैं,
दर्द देखा है उसका छलकते हुये।

चाँद के रूप जैसा किसी का नहीं,
आपको देखकर देखा खिलते हुए।

जो शजर आँधियों में खड़े ही रहे,
इक हवा वो चली देखा गिरते हुये।

चोट पत्थर से लगती है कहते सभी,
फूल को देखा है चोट करते हुये।

आईना देखकर लोग सजते रहे,
आईना भी है देखा सँवरते हुये।

लब से इज़हार अब तक किया ही नहीं,
रूप देखा है उनका निखरते हुये।

चाँद उनकी गली छोड़ता ही नहीं,
आज 'पूनम' को देखा बहकते हुये।

60

कौन सा दिल है जो आह भरता नहीं।
उनकी सूरत पे है कौन मरता नहीं।

राह से वो गये लोग सजदा करें,
कौन दर पे है उनके ठहरता नहीं।

चाँदनी उनकी दहलीज़ पर रो रही,
आजकल चाँद वो मुझपे मरता नहीं।

होंठ उनके गुलाबी कली खिल रही,
आरज़ू कौन पाने की करता नहीं।

हर ज़ुबां पर ही रहता है चर्चा तिरा,
इक फ़साना है 'पूनम' ठहरता नहीं।

61

गर्दिशों में सदा साथ जिनके चले।
इक लहर आई वो सारे उठके चले।

जब ज़ुरूरत पड़ी मुख लिये मोड़ वो,
बदनसीबी की चर्चा वो सुनके चले।

नीड़ ने भी किवाड़ों को खोला नहीं,
आँख को फेरकर मुझसे तिनके चले।

रास्ते खो गये मोड़ जैसे मुड़ा,
मुझसे ये रास्ते सारे छुपके चले।

बोलियाँ लग गईं जो न बिकते कभी,
संग में वो सभी मेरे बिकके चले।

सच भी बोलूँ तो अल्फ़ाज़ झूठा लगा,
लग रहा झूठ सच आज मिलके चले।

वो हवायें चलीं सर झुकाना पड़ा,
दौर अब आपका है क्यूँ रुकके चले।

भीड़ से आज तक है बचाया जिन्हें,
मेरी गलियों से वो आज छुपके चले।

साँस में थे बसे बनके साँसें मिरी,
गैर के घर में वो आज रुकके चले।

घिर के तूफां में 'पूनम' अकेले लड़ी,
ये ज़माना तभी साथ इसके चले।

62

ज़िंदगी कुछ नहीं ज़ख़्म पाये बिना।
किसको अपना कहें आज़माये बिना।

आप गैरों से दामन बचाते रहे,
दोस्ती कैसे कर लूँ निभाये बिना।

उनकी महफ़िल में है चाँद तारे सजे,
मैं क़दम कैसे रख दूँ बुलाये बिना।

हुस्न चिलमन में हरदम छुपा ही रहे,
कैसे जां वार दूँ रुख़ दिखाये बिना।

बेवफ़ा मेरे दिलवर को कहते सभी,
कैसे मैं मान लूँ कुछ बताये बिना।

मेरे जलवों की रौनक कहाँ है नहीं,
ख़ुद को रोकेंगे कैसे वो आये बिना।

कद्र उल्फ़त की वो यार जानें नहीं,
मेरा दिल भी न माने जताये बिना।

साख दुनिया में 'पूनम' अलग है तिरी,
लोग कहते हैं ख़ुद ही, बताये बिना।

63

पत्थरों को कहें लोग रोते नहीं।
दर्द-ए-दिल पास इनके हैं होते नहीं।

इनके दामन में एहसास उगते कहाँ,
इश्क़ का बीज भी इनमें बोते नहीं।

मन में महबूब पाने की हसरत न हो,
अश्क से अपनी आँखें भिगोते नहीं।

रात-दिन यार को अपने आवाज़ दें,
लोग कहते पपीहे वो सोते नहीं।

दाग़-ए-दामन मुहब्बत में मिल ही गया,
रखते ज़ीनत बना उसको धोते नहीं।

रंगे उल्फ़त में 'पूनम' जो रँग ही गई,
दूसरे रंग मन को भिगोते नहीं।

64

ख़्वाब छीनो नहीं इन निगाहों से तुम।
हो सके तो बचो अब गुनाहों से तुम।

मैं तो वो धूल हूँ देखूँ रस्ता तिरा,
जब क़यामत में आओगे राहों से तुम।

आपको रखके दिल में हिफ़ाज़त किया,
अब कहाँ जा रहे हो पनाहों से तुम।

तुमको तनहाइयाँ मार डालें नहीं,
दूर जा सकते हो कैसे बाँहों से तुम।

बेवफ़ा हो बड़े पर ये सोचो ज़रा,
कैसे बच पाओगे मेरी आहों से तुम।

ज़ुल्फ़ 'पूनम' की सारी तपिश रोकती,
यूँ निकल करके जाओ न छाहों से तुम।

65

तू हँसे तो कँवल हँसके खिलने लगे।
तुमसे इज़हार भौरें भी करने लगे।

वो बहारें न जाने कहाँ रह गईं,
अब सिफ़ारिश भी गुल आके करने लगे।

आज देखेंगे जी भर तिरे रूप को,
आईने तेरी आहट से सजने लगे।

शाम से पहले ही आप आ जायेंगे,
सोचकर दीप दिन में ही जलने लगे।

हमको दुश्मन ज़माना समझने लगा,
आप आ करके 'पूनम' जो मिलने लगे।

66

हम करेंगे वफ़ा तुम ज़फ़ा ही करो।
माफ़ कर देंगे हम तुम ख़ता ही करो।

तीरगी तेरी राहों में रहने न दें,
हम जलाते दिये तुम हवा ही करो।

मेरी आँखों को आँसू भी मंजूर हैं,
मेरे जानम मगर तुम हँसा ही करो।

लफ़्ज़ ज़हरीले हों घाव बनते रहें,
पर सिफ़ारिश मिरी कुछ कहा ही करो।

नाम बदनाम दुनिया में होता रहे,
बात तुम मान लो ख़त लिखा ही करो।

इक झलक तो मिले बज़्म दूजी सही,
हमपे कर दो करम अब दिखा ही करो।

मैक़दे में मिरे एक शब आइये,
आरज़ू है यही कुछ पिया ही करो।

मैं हूँ 'पूनम' का दीवाना कहते सभी,
कोई पत्थर न मारे दुआ ही करे।

67

क़द्र करते नहीं मेरे ज़ज़्बात की।
फ़िक्र करते न वो अब ख़यालात की।

इश्क़ की वो फुहारें न अब याद हैं,
भूली बातें तुम्हें पहली बरसात की।

रातभर चाँद को हम निहारा करें,
बात तब और थी चाँदनी रात की।

नाम लेते ही तन मन महक जाता था,
जब ख़बर आती फूलों के बारात की।

लफ़्ज़ महके है 'पूनम' तिरे होंठ छू,
बात कुछ और है आपकी बात की।

68

आप ज़ुल्फ़ों को अपनी न बिखराइये।
बादलों की गुज़ारिश है रुक जाइये।

चाँद घायल हुआ आह भरने लगा,
चाँदनी रात में यूँ न मुस्काइये।

इन निगाहों में रख लूँ मिरे यार आ,
नाज़ पलकों पे रक्खूँ चले आइये।

दो बदन जान इक हैं कहा मान लो,
आप अपने से ही अब न शर्माइये।

जुस्तजू में तुम्हारे फिरूँ दर-ब-दर,
अब जुदा हों न 'पूनम' यूँ मिल जाइये।

69

उनके जलवों से रौशन नज़ारे सभी।
रौशनी माँगते हैं सितारे सभी।

देखकर ये फ़िज़ायें दीवानी हुईं,
अब क़दम चूमते हैं तुम्हारे सभी।

उन फरिश्तों को भाये नहीं वो फ़लक,
आप की राह देखें सहारे सभी।

ख़ुशबू लेके चमन आस में है खड़ा,
वो शजर आज रस्ता बुहारे सभी।

आपके ग़म को घर में सजा लूँ ज़रा,
चैन ले जाइये अब हमारे सभी।

70

छूट जायेगा तन है ये मेरा नहीं।
थोड़ी किरनें मिरी पर सबेरा नहीं।

वो उजाले नज़र के भले छीन लो,
छीन सकते कभी भी अँधेरा नहीं।

जोड़ तिनके बनाया नशेमन यहाँ,
पर सदा हो सकेगा बसेरा नहीं।

किसने तस्वीर पानी पे इक खींच दी,
रंग से उसने क्यूँ उसको घेरा नहीं।

बात 'पूनम' की तुम गौर से सब सुनो,
जी लो हर पल सभी, होगा फेरा नहीं।

आने वाले पलों से तू अंजान है।
वक़्त क्या जाने कब तक मेहरबान है।

तू खिलाड़ी समझ खेल सब खेलता,
दाँव समझा नहीं हाय नादान है।

नाम रखके तू पहचान करता रहा,
सच यही है कि हर कोई बेनाम है।

हर नज़र से तू छुपता रहा बेख़बर,
उसकी नज़रों में तू एक सामान है।

बेसहारा समझ छोड़ा जिसको कभी,
याद रखना सभी का निगेहबान है।

तूने ख़ुद को गुनाहों में शामिल किया,
ज़िंदगी भी तिरी तो बेईमान है।

जान 'पूनम' की लेने की कोशिश करे,
तू अनाड़ी बड़ा ख़ुद ही बेज़ान है।

72

साँस कब तक चलेगी ज़रा सोचिये।
नाम गुमनाम होगा सदा सोचिये।

ज़िंदगी के सफ़र में डराया सदा,
मौत की राह में क्यूँ डरा सोचिये।

जो समन्दर की लहरों को रोके खड़ा,
कैसे बेज़ान होकर गिरा सोचिये।

तेज तूफां में थोड़ा झुका भी नहीं,
वो शजर कैसे टूटा हरा सोचिये।

जिनके पाँवों में ख़ंजर भी सजदा हुआ,
नींद में आज क्यूँ वो मरा सोचिये।

आज 'पूनम' की नज़रें ठहर जो गईं,
सिर्फ़ सामान अब तक धरा सोचिये।

73

तू गरीबों के घर छीन लेता रहा।
कब्र को दे रहा आज धोखा रहा।

तुझको मालूम दौलत उगेगी नहीं,
बीज तू सोने चाँदी के बोता रहा।

तूने तारीख़ को चुप करा तो दिया,
वक़्त ख़ामोश हर रोज़ लिखता रहा।

मुट्ठियों में भी कुछ जा सकेगा नहीं,
दौलतें देखकर सिर्फ़ रोता रहा।

चाँद तारे चमकते इशारे तिरे,
बात 'पूनम' है क्या आज सोता रहा।

74

हमने देखा तिरी साँस घटते हुये।
तुमने सबसे कहा तुम हो बढ़ते हुये।

ज़िंदगी तार इक टूट जाना ही है,
मौत से ज़िंदगी देखी मिलते हुये।

अपनी तदबीर से आसमां मोड़ लें,
हमने देखा उन्हें हाथ मलते हुये।

पोखरों में कंवल ढेर सारा खिला,
झोपड़ी में दिये देखे हँसते हुये।

हौसलों से सभी काम आसान हों,
ठान लो गर चलो आगे बढ़ते हुये।

75

बात इक मान लो फूल कुचलो नहीं।
अपनी दौलत पे तुम इतना उछलो नहीं।

गर्दिशों में रहो भेद खोलो न तुम,
जश्न की रात में घर से निकलो नहीं।

यार की बाँह में ही नशा तुम करो,
ग़ैर की बाज़ुओं में तो फिसलो नहीं।

गर ख़तायें भी अपनों से हो जायें तो,
माफ़ कर दो उन्हें आप उबलो नहीं।

सँग रकीबों का पा भूल जाते हो सब,
बात ये मान लो राज़ उगलो नहीं।

दर्द सह गर न पाओ तो रो लो कहीं,
अश्क आँखों में ले करके निकलो नहीं।

आके महबूब 'पूनम' से लग लो गले,
सिर्फ़ शाने पे आ करके सँभलो नहीं।

76

दिल चुराने का मुझको हुनर तो बता।
आ गये हो कहाँ से शहर तो बता।

तेरी नज़रों से घायल नज़र जो नहीं,
मेरे महबूब तू वो नज़र तो बता।

हुस्न की लोग मुझको भी मलिका कहें,
कुछ हुआ तेरे दिल पे असर तो बता।

आसमां पे सितारे भी मदहोश हैं,
क्यूँ दिखे है वो मद्धम क़मर तो बता।

आज पायल हमारी छनकती बड़ी,
क्यूँ सरकती है सर से चुनर तो बता।

मेरा मन ये समन्दर की लहरें लगे,
तेरे दिल में भी उठती लहर तो बता।

जो ख़ुशी की सहर लेके आये हो तुम,
अब चलूँगी उसी पर डगर तो बता।

ज़िंदगी आज 'पूनम' की गुलशन बनी,
ख़ुशबुओं के लगाया शजर तो बता।

77

तेरे क़दमों में दूँ मैं मुहब्बत सजा।
तेरी दहलीज़ पर दूँ मैं चाहत सजा।

इश्क़ के नाम पर हो हमारी सहर,
राह में तेरे दूँ अपनी हसरत सजा।

इस ज़माने में तुमसा नहीं है कोई,
अपनी पलकों में लू तेरी अज़मत सजा।

जान-ओ-ईमान मैंने बनाया तुम्हें,
तेरे माथे पे दूँ अपनी अस्मत सजा।

बन्दगी यार की अब ये 'पूनम' करे,
इन निगाहों में लूँ तेरी उल्फ़त सजा।

78

इश्क़ का नाम दुनिया में ज़िंदा रहा।
ये ज़माना इसे दफ़्न करता रहा।

ज़िस्म मरते हैं रूहें अमर ही रहीं,
वो जुनून-ए-वफ़ा साथ चलता रहा।

वो पतंगे शमा पर निछावर रहे,
हुस्न को देखकर इश्क़ मरता रहा।

प्रेमियों का जहां सारा दुश्मन रहा,
वो फ़साना भी मर मरके जीता रहा।

छोड़ दो, दो दिलों को, ये 'पूनम' कहे,
दर्द-ए-दिल लेके वो देखो हँसता रहा।

79

मेरे बीमार-ए-दिल की दवा तो करो।
गर न कुछ कर सको अब दुआ तो करो।

तुम मसीहा मिरे हो जहां जानता,
साँस थमने लगी है हवा तो करो।

तुमको रस्म-ए-वफ़ा की कदर ही नहीं,
है गवारा मुझे अब ज़फ़ा तो करो।

मुझपे इल्ज़ाम मैंने मुहब्बत किया,
मेरे सरकार मुझ पर सज़ा तो करो।

रूठ जाये जो 'पूनम' मनाना नहीं,
मुझको मंजूर सब तुम ख़फ़ा तो करो।

८०

वक़्त ये आदमी को डराता ही है।
वो लकीरें धुयें की मिटाता ही है।

नींद आती नहीं मख़मली सेज पर,
वक़्त सबको समय पर सुलाता ही है।

उन परिंदों के घर जो जलाते रहे,
वक़्त बदले में सबको जलाता ही है।

दौलतों को जुटाने में मशगूल सब,
वक़्त सामान सबके जुटाता ही है।

ज़िंदगी साथ देती रही उम्र भर,
बाद मरने के भी वो निभाता ही है।

ज़िंदगी का ज़हर सबको पीना पड़ा,
मौत का ज़ाम हँसके पिलाता ही है।

सारे नाते भले बेवफ़ाई करें,
वक़्त पहलू में सबको बिठाता ही है।

ख़ुद को कहते हो तुम कितने बेदाग़ हो,
वक़्त बन आईना रुख़ दिखाता ही है।

अनसुना तुम करो है ये मर्जी तिरी,
वक़्त सच झूठ 'पूनम' बताता ही है।

81

तेरी महफ़िल से हम आज उठकर चले।
किसने आवाज़ दी जिसको सुनकर चले।

आईने की गुज़ारिश भी मानी नहीं,
आईना ख़ुद बने आज सजकर चले।

हम खरीदार बनकर रहे आज तक,
वक़्त आया वो बेमोल बिककर चले।

नाज़ क़दमों पे अपने हमेशा किया,
बेबसी का ये आलम है गिरकर चले।

है डगर एक ही रास्ता कुछ नहीं,
सच यही आज हम सबसे कहकर चले।

नींद में ख़्वाब 'पूनम' जगाते रहे,
ख़्वाब ओ आया हम आज जगकर चले।

82

ज़िंदगी कुछ नहीं एक अहसास है।
सिर्फ चलती हवा आ रही साँस है।

कौन हैं हम, हमें ये, नहीं है ख़बर,
इक तसव्वुर ही है बस वही आस है।

बेख़बर होके राहों में चलते रहे,
आज पहुँचेंगे घर एक विश्वास है।

मन को प्यारा है जो, दूर रहता सदा,
गैर समझो जिसे रह रहा पास है।

वक़्त आने पे 'पूनम' ने जाना यही,
हम तो कुछ भी नहीं वक़्त ही खास है।

83

उलझनों में ये मन क्यूँ उलझता रहा।
पल समेटूँ मगर वो बिखरता रहा।

कौन हँसता खड़ा देखकर दूर से,
मैं उलझती गई वो सुलझता रहा।

मेरे चेहरे की रौनक उड़ी जा रही,
दिन-ब-दिन कौन है जो निखरता रहा।

इस ज़माने में आने का मकसद कहो,
बेख़बर हर कोई आगे बढ़ता रहा।

है न चलने की ताक़त बची पाँव में,
कौन है बिन थके देखो चलता रहा।

सबको तुम छोड़ 'पूनम' चले हो कहाँ,
इक उजाला दिखा रुख़ चमकता रहा।

84

बीते दिन की वो यादें नहीं भूलतीं।
खो गईं जो निगाहें नहीं भूलती।

चाँदनी मेरे आँगन में खेला करे,
खिलखिलाती वो रातें नहीं भूलतीं।

साथ मिलकर चले थे कभी हम जहाँ,
वो तरसती सी राहें नहीं भूलतीं।

हसरतें रात-दिन उनकी मन में रहें,
बोल पड़ती थी बातें नहीं भूलतीं।

जा रहे थे सफ़र में तो आवाज़ दी,
वो तड़पती सी बाहें नहीं भूलतीं।

आप गुमनाम रस्ते पे जब जा रहे,
तब वो 'पूनम' की आहें नहीं भूलतीं।

85

फलसफ़ा ज़िंदगी का न जाने है क्या।
ज़िंदगी का कहा कोई माने है क्या।

कर मैं सकता न क्या आदमी की समझ,
मौत को क़ैद करने की ठाने है क्या।

चूकते कब निशाना शिकारी बड़े,
तीर तुझपे भी तो कोई ताने है क्या।

किसकी मर्जी पे दुनिया में आये हैं हम,
नाते रिश्तों के बनने का माने है क्या।

डूब करके ये 'पूनम' लगी सोचने,
बिन थके लिख रही लिखना जाने है क्या।

86

रात भर आज मैं सोचती ही रही।
सब किवाड़ों को बस खोलती ही रही।

मेरी आँखें तो थक करके सोने लगीं,
जागकर मैं मगर देखती ही रही।

ख़्वाब मनमाने हो करके आते रहे,
उनको आने से मैं रोकती ही रही।

लफ़्ज़ ख़ामोश होकर लगे देखने,
देखिये अब मुझे बोलती ही रही।

जो गुज़र करके 'पूनम' से मिलते रहे,
तार लम्हों से मैं जोड़ती ही रही।

कौन चुपचाप ही साथ चलता रहा।
ख़्वाब बन करके आँखों में सजता रहा।

ओढ़ चिलमन छुपे क्यूँ बता हमसफ़र,
चैन लेकर मिरा तू क्यूँ छुपता रहा।

लोग कहते मैं तन्हा रही आज तक,
रूह में तू मिरी कब से बसता रहा।

रूप अक्सर मेरा मुझको बदला लगे,
आईना देखूँ तो तू ही दिखता रहा।

मुस्कुराई ये 'पूनम' तुझे देखकर,
तू मुझे देखकर आज हँसता रहा।

४४

कितने तनहा हैं कैसे क़लम लिख सके।
लिखना चाहे बहुत पर न हम लिख सके।

ज़ुल्म ख़ामोश होकर सहा आज तक,
लफ़्ज़ मेरे न उनके सितम लिख सके।

तुम किनारे खड़े डूबती मैं रही,
बेवफ़ा भी न तुझको सनम लिख सके।

साथ गैरों का ले लें गवारा नहीं,
पर वो अपना है केवल भरम लिख सके।

ज़ख़्म देकर मसीहा वो बनता रहा,
वो फ़रेबी है 'पूनम' न हम लिख सके।

खोके एहसास में ख़त है जिनको लिखा।
तुम धड़कते यहाँ उनके दिलको लिखा।

उनकी राहों में ख़ुशियों के डेरे मिलें,
उनके ग़म लूँ सजा हमने ग़म को लिखा।

अपनी आँखों में गर वो बसा लें मुझे,
क्या ज़ुरूरत तिरी अपने घर को लिखा।

चाँद खिलता नहीं आजकल घर मिरे,
तुम उजाला मिरे मैंने उनको लिखा।

याद 'पूनम' की आती रही हर घड़ी,
दिन को रातें लिखीं रात दिन को लिखा।

90

कल खड़े आप छत पे नज़र आ गये।
बनके बादल मिरे दिल पे तुम छा गये।

इस ज़माने में रुख़ कोई भाया नहीं,
खास कुछ तो है तुममें मुझे भा गये।

एक पल में ख़ुदाई पराई लगी,
आप क्या मिल गये हम ख़ुदा पा गये।

गीत होठों ने अब तक था गाया नहीं,
साज़ धड़कन बनी गीत हम गा गये।

तेरे चेहरे से 'पूनम' न हटती नज़र,
बेख़ुदी में क़दम ये कहाँ आ गये।

91

कैसे कह दूँ कि तुम यार मेरे नहीं।
बीच में कोई दीवार मेरे नहीं।

मुझको माज़ी की बातें रुलायें सदा,
पर कहें लोग तुम प्यार मेरे नहीं।

कितनी मुश्किल में गुल देखो खिलते रहे,
कब कहूँ राह में ख़ार मेरे नहीं।

इश्क़ शोलों का दरिया है कहते रहे,
क्या क़दम पायेंगे पार मेरे नहीं।

यार धड़कन में बसता यही सब कहें,
तो क्या 'पूनम' जुड़े तार मेरे नहीं।

92

वो मुहब्बत की बातें हमें याद हैं।
क्या वो वादे तुम्हारे तुम्हें याद हैं।

झील का वो किनारा न भूला कभी,
कैसे गुज़री थीं रातें हमें याद हैं।

मेरे शाने पे खाई थीं कसमें कई,
तुम सदा साथ दोगे तुम्हें याद हैं।

मेरी ज़ुल्फ़ों में ही शाम होती रही,
लड़खड़ाती हवायें हमें याद हैं।

तुम ख़ुदा से हमें माँगते ही रहे,
अश्क नज़रों के 'पूनम' तुम्हें याद हैं।

93

खेल ही लग रही है मुझे ज़िंदगी।
मौज़ ले करके खेलो कहे ज़िंदगी।

अपने ईमान को आप खोना न यूँ,
सच की साथी हमेशा बने ज़िंदगी।

दोस्त दुश्मन किसी को समझना न तुम,
अपने किरदार में बस रहे ज़िंदगी।

करके साँसें ये पूरी, तो चलना ही है,
बिन कहे कुछ सुने चल पड़े ज़िंदगी।

एक क़तरा जिसे कह रहे साँस हम,
मौत से मिल रही है गले ज़िंदगी।

दर्द का नाम दूजा है धड़कन यहाँ,
देखो मर-मर के 'पूनम' चले ज़िंदगी।

94

कह रहा दिल मिरा तुझको चाहूँ सदा।
अब दुआओं में भी तुमको माँगूँ सदा।

टूटते उस सितारे से मन्नत यही,
हर जनम में तुम्हें ही मैं पाऊँ सदा।

तू तराना मिरा तू ही है साज़ भी,
अब फ़साने मुहब्बत के गाऊँ सदा।

वो किताबें मुहब्बत की हमने पढ़ीं,
रस्म उल्फ़त की हँसके निभाऊँ सदा।

अश्क पलकों पे 'पूनम' सजा लूँ तिरे,
अपनी ख़ुशियाँ तिरे दर बिछाऊँ सदा।

95

तुम हुये गर ख़फ़ा मर ही जायेंगे हम।
अब क़यामत तलक भी मनायेंगे हम।

रूठने से तिरे जान जाती मिरी,
जब रहेंगे नहीं याद आयेंगे हम।

ख़ुश रहो तुम सदा है हमारी दुआ,
ज़ुल्म सह करके तुमको हँसायेंगे हम।

जिस्म से जान तक तुमको चाहा बहुत,
रूह बन करके हरदम बुलायेंगे हम।

आरज़ू मेरी 'पूनम' तू महका करे,
इश्क़ से तेरी दुनिया सजायेंगे हम।

96

दिल है नादान मेरा न माने कहा।
उनकी गलियों में बेचैन फिरता रहा।

हर घड़ी नाम उनका पुकारा करे,
उनकी आहट पे पलकें बिछाये रहा।

जुस्तजू जिनकी थी आके वो मिल गये,
हर सितम उनको पाने की ख़ातिर सहा।

आप क्या मिल गये मुझको जन्नत मिली,
आसमां पर सितारा चमकता रहा।

प्यास 'पूनम' की सारी तभी बुझ गई,
इश्क़ की चाँदनी में गई जब नहा।

97

आज गुलशन में उनसे नज़र मिल गई।
प्यासी रातों से जैसे सहर मिल गई।

एक पल में क़यामत के दिन आ गये,
तुमपे मरने की सबको ख़बर मिल गई।

आज तक ज़िंदगी कितनी ग़मगीन थी,
दिल को ख़ुशियों की दिलकश डगर मिल गई।

मुझको मालूम होता तो सजती ज़रा,
उनसे अन्जान मैं बेख़बर मिल गई।

मौसिकी को मिला साज़ वो बज उठे,
देख 'पूनम' ग़ज़ल भी इधर मिल गई।

९८

मेरे लब पे तिरा नाम सजता रहे।
ये फ़साना लगातार चलता रहे।

नाम बदनाम होना है रस्म-ए-वफ़ा,
ये ज़माना जो कहता है कहता रहे।

वो यहाँ आ गये आशियां छोड़कर,
दिल में धड़कन के जैसे वो बसता रहे।

याद दुनिया करेगी मिरे प्यार को,
वक़्त तारीख़ अपनी ही लिखता रहे।

रोशनी नाम 'पूनम' का ही रख दिया,
ये दीया आँधियों में भी जलता रहे।

९९

मेरी धड़कन की आवाज़ सुन लो ज़रा।
राज़-ए-दिल अब सभी हमसे कह दो ज़रा।

साँस में तेरी ख़ुशबू महकती रही,
पास आ करके तुम भी महक लो ज़रा।

कितने अरमान दिल में मचलते रहे,
हसरतों से मिरी आके मिल लो ज़रा।

मेरी तन्हाइयाँ भी सँवरने लगीं,
तुमको मौका मिले तो सँवर लो ज़रा।

उम्र कट जायेगी नाम 'पूनम' तिरे,
तुम हमारे ही हो बात कह दो ज़रा।

100

झूठ थी वो मुहब्बत ये जाना नहीं।
बेवफ़ा तुमने अपना भी माना नहीं।

टूटकर इश्क़ मैंने है तुमसे किया,
ये हक़ीकत है कोई फ़साना नहीं।

दिल्लगी दिल्लगी दिल्लगी छोड़ दो,
मेरे दिल को भी तुम यूँ जलाना नहीं।

अश्क वो कीमती मेरे बहते रहे,
इन निगाहों को अब तुम सताना नहीं।

कितना बेआबरू आज 'पूनम' किया,
तेरी महफ़िल में अब मुझको आना नहीं।

101

कितनी हसरत से कलियाँ उन्हें देखतीं।
आशिक़ों की वो गलियाँ उन्हें देखतीं।

जश्न फ़ीके दिखे आज आये न क्यूँ,
हर घड़ी रंगरलियाँ उन्हें देखती।

फूल को छोड़कर उनकी हसरत करें,
उड़ रहीं वो तितलियाँ उन्हें देखतीं।

वो सितारे ज़मीं पर उतरने लगे,
वो चमकती बिजलियाँ उन्हें देखतीं।

मेरी आँखों में वो रोशनी से बसे,
अब तो 'पूनम' पुतलियाँ उन्हें देखतीं।

102

तिश्नगी मेरी नज़रों में जगने लगी।
अब समन्दर में भी प्यास दिखने लगी।

आसमां में खिला चाँद प्यासा दिखे,
चाँदनी देख उसको तरसने लगी।

वो नज़ारे मुहब्बत में ही रँग गये,
अब फ़ज़ा भी बहारों से मिलने लगी।

चुप रहे पानियों में भी हलचल उठे,
रेत मिलकर किनारे से उड़ने लगी।

पाँव 'पूनम' चमन में जो तुमने रखा,
ये हवा भी ज़रा सी बहकने लगी।

103

नाज़ सूरत पे तुम इतना करते हो क्यूँ।
राह में झूमकर यार चलते हो क्यूँ।

मरना चाहो अगर इश्क़ पर ही मरो,
बेवज़ह हुस्न पर अपने मरते हो क्यूँ।

रात-दिन मैं मुहब्बत में डूबा रहा,
मैं हूँ नादान ये बात कहते हो क्यूँ।

रस्म-ए-उल्फ़त निभाने का दिल चाहिए,
तुम ज़माने से दिलदार डरते हो क्यूँ।

छोड़ 'पूनम' का घर अब न यूँ जाइए,
तुम रकीबों से यूँ हँसके मिलते हो क्यूँ।

104

ज़िंदगी भय के साये में छुपती रही।
साँस थमथम के भी देखो चलती रही।

ऐ ख़ुदा-ए-ख़ुदाई बनाई ही क्यूँ,
मौत से ज़िंदगी हँसके मिलती रही।

गुल का खिलना बिखरना यही रीत है,
आज बिखरी कली, कल जो खिलती रही।

ये निगाहें किसी का न मानें कहा,
रो रही कल नज़र, आज हँसती रही।

दर्द-और इस ख़ुशी में है यारी यहाँ,
रोज़ 'पूनम' यही बात कहती रही।

105

दिल के अरमान सारे सिसकने लगे।
टूटे ख़्वाबों से वो रोज़ मिलने लगे।

हस्तियाँ हसरतों की ये मिटती नहीं,
जान जाती हुई गर तड़पने लगे।

उनकी राहों में हरदम रहे रोशनी,
बन चराग़े वफ़ा दिल ये जलने लगे।

ज़िक्र उनका अगर भूल से आ गया,
जह्न-ओ-दिल साथ ही में महकने लगे।

हम न 'पूनम' रहें नाम रह जायेगा,
दास्तां यूँ मुहब्बत की चलने लगे।

106

भूलकर भी हमें तुम भुलाना नहीं।
ज़िंदगी से मिरी दूर जाना नहीं।

मेरी चाहत के बिन रह न पाओगे तुम,
इन निगाहों से बढ़कर ठिकाना नहीं।

मैं हूँ हमराह हमराज़ जन्मों तलक,
गैर से दोस्ती तुम निभाना नहीं।

तुम हो औरों के कैसे इसे मान लें,
मान सकता ये सारा ज़माना नहीं।

गर शिकायत हो 'पूनम' बता दो हमें,
तुम किसी और को अब बताना नहीं।

107

ये नज़र तेरे चेहरे से हटती नहीं।
अब पलक उठ गई है तो झुकती नहीं।

कोई जादू इन्हें खींच लाया यहाँ,
डोर कोई मगर इनमें दिखती नहीं।

कितनी बातें निगाहों ने उनसे किया,
लोग कहते नज़र कुछ भी कहती नहीं।

होंठ ख़ामोश बनकर नज़र हो गये,
कौन कहता नज़र बात सुनती नहीं।

रूप इतना हसीं लफ़्ज़ भी खो गये,
वरना 'पूनम' कभी तुमपे मरती नहीं।

108

रास्ते आपको याद करते रहे।
रातभर वो सितारे भी जगते रहे।

देख लो इक झलक तुम यही आरज़ू,
वो नज़ारे सभी आज सजते रहे।

उनकी राहों में गर चाँद आया नहीं,
जुगनुओं के वो डेरे चमकते रहे।

उस समन्दर के मन में तिरी आस थी,
वो किनारे भी चुपचाप सुनते रहे।

तेरी मर्जी पे 'पूनम' मेरी बात है,
सुन रहे थे जो तुम हम वो कहते रहे।

109

उन चराग़ों का भी हौसला देखिए।
चींटियों का कभी रास्ता देखिए।

अपनी हस्ती मिटाकर महकती रहें,
ख़ुशबुओं का यही वास्ता देखिए।

बाँट देते हैं सब पास रखते न कुछ,
वो शजर आज तक जो फला देखिए।

तिश्नगी वो ज़मीं की मिटाता रहा,
इस तरह अब्र ख़ुद मिट चला देखिए।

रोशनी तीरगी में दिखाता रहा,
एक जुगनू भी तो ख़ुद जला देखिए।

चाँदनी से सराबोर कर दे हमें,
चाँद 'पूनम' का शब भर खिला देखिए।

110

उनके जाने का ग़म ज़िंदगी भर रहा।
मौत आने का ग़म साँस ही भर रहा।

एक आईना टूटा तो क्या बात है,
टूट जाने का ग़म रात ही भर रहा।

रौंद डाले जो अरमां क़दम के तले,
दर्द पाने का ग़म आशिक़ी भर रहा।

मेरे अहसास भी ज़ख़्म पाते रहे,
ज़ख़्म पाने का ग़म इक सदी भर रहा।

तेरी सूरत तलाशूँ नज़ारों में मैं,
तुमको खोने का ग़म दिलकशी भर रहा।

मेरी यादों से तुम जा नहीं पाओगे,
याद में मेरे 'पूनम' सदी भर रहा।

111

आके हालत मिरी दिलरुबा देख लो।
रोग दिल को मिरे क्या हुआ देख लो।

मेरी फरियाद को अनसुना कर चले,
मेरा अरमान पीछे चला देख लो।

छीनकर चैन मेरा कहाँ हो छुपे,
मन ये बेचैन अब हो चला देख लो।

साकिया मेरे मुझको पिलाते गये,
मेरी साँसों में बढ़ता नशा देख लो।

तेरी राहों से नज़रें हटें ही नहीं,
इन निगाहों का ये सिलसिला देख लो।

दर्द-ए-दिल की दवा आके दे दो मुझे,
मैं तड़पती हूँ 'पूनम' ज़रा देख लो।

112

अब हसीं शाम है मेरे महबूब आ।
दिल का पैग़ाम है मेरे महबूब आ।

अब सदा दे रही हैं तुम्हें वादियां,
ज़ाम ही ज़ाम है मेरे महबूब आ।

फ़र्क आगाज़ अंज़ाम में कुछ नहीं,
इश्क़ अंज़ाम है मेरे महबूब आ।

बिन तिरे दिल कहीं और लगता नहीं,
दिल ये नाकाम है मेरे महबूब आ।

वार दूँ तुझपे 'पूनम' मैं सारी ख़ुशी,
जान नीलाम है मेरे महबूब आ।

113

तीर ऐसा लगा मैं तड़पती रही।
अब मसीहा भी क़ातिल को कहती रही।

लफ़्ज़ गुम हो गये देखते ही उन्हें,
वो ही कहते रहे मैं तो सुनती रही।

छोड़कर मुझको बेदर्द जाओ न तुम,
दर्द तुमने दिया मैं तो सहती रही।

ये पराई ही थी आज जाना इसे,
साँस भी नाम ले तेरा चलती रही।

तुमको जी भरके 'पूनम' अभी देख लूँ,
ये नज़र तुमको पलकों में भरती रही।

114

वो घटा तेरी आँखों का काजल बनी।
अब हवा तेरा लहराता आँचल बनी।

देख करके तुझे हाल-ए-दिल ये हुआ,
मौज़ दरिया की भी दिल की हलचल बनी।

खोल करके इन्हें यूँ न घूमा करो,
ज़ुल्फ़ काली ये सावन का बादल बनी।

राज़-ए-दिल मैंने तुमसे छुपाकर रखा,
बात दिल की छनकती सी पायल बनी।

तुम निगाहों के खंज़र छुपा के रखो,
यूँ लगा वार 'पूनम' भी घायल बनी।

115

तेरे दिल की तड़प मेरा दिल जानता।
ये मेरा इश्क़ नज़रों से मिल जानता।

प्यास कितनी तिरी मेरे दिल में जगी,
रहके चुपचाप होंठों का तिल जानता।

कितना ग़मगीन मन था अभी तक मिरा,
बाद मिलने के तुमसे ये खिल जानता।

मैंने इज़हार लब से न अब तक किया,
दर्द अब तक जुबां को है सिल जानता।

जाने किसको इशारा करे हर घड़ी,
तेरा झुमका वो कानों का हिल जानता।

116

तुमने आवाज़ दी देखो मैं आ गई।
बेख़ुदी है तिरी देखो मैं आ गई।

छोड़ दी सारी दुनिया तुम्हारे लिये,
अब तिरी हो गई देखो मैं आ गई।

अपने हाथों में तुम हाथ रखना मिरा,
थामकर अब चली देखो मैं आ गई।

तुम वफ़ाओं की ज़ीनत बना लो मुझे,
अब निखरने लगी देखो मैं आ गई।

इन निगाहों से 'पूनम' गिराना न तुम,
अब नज़र में रही देखो मैं आ गई।

117

साथ दोगे सदा मुझसे वादा करो।
दिल में लोगे बसा मुझसे वादा करो।

दिल्लगी तुम न करना मिरे हमसफ़र,
साँस लोगे बना मुझसे वादा करो।

कम न करना मुहब्बत मिरे जानेमन,
इश्क़ दोगे सजा मुझसे वादा करो।

तेरी राहों की रौनक हमेशा बनूँ,
चाँदनी लो बना मुझसे वादा करो।

तीरगी मुझको 'पूनम' नहीं छू सके,
चाँद दोगे दिला मुझसे वादा करो।

है अज़ब ज़िंदगी की कहानी बनी।
जाने क्यूँ दुनिया ये आनी जानी बनी।

रीत किसने बनाया पता कुछ नहीं,
लोग कहते ख़ुदाई पुरानी बनी।

ज़ख़्म-ए-दिल में नज़ारे दुःखी ही लगे,
इश्क़ में ये फ़िज़ा भी सुहानी बनी।

हमने उल्फ़त के किस्से सुने हैं बहुत,
इक नज़र की नज़र वो दीवानी बनी।

ये चमन एक दिन सूख जाना तो है,
ये मुहब्बत दिलों की निशानी बनी।

काश 'पूनम' हमें तुम मिलो हर जनम,
चाह साँसों की मेरी रवानी बनी।

119

सोचते-सोचते हो गई अब सहर।
जब से देखा उन्हें रुक गई है नज़र।

कितनी राहों पे हम रोज़ चलते रहे,
राह इक ये मिली जो गई है ठहर।

बेख़बर ही रहे इश्क़ से अब तलक,
जाने लोगों को कैसे लगी ये ख़बर।

होश खो सा गया मैं दीवानी हुई,
उनके जलवों का ऐसा हुआ है असर।

ज़िंदगानी ये 'पूनम' लुटा दूँ अभी,
आप अपना मुझे आज कह दें अगर।

120

बज़्म में मेरी वो आकर चल दिये,
दास्तान-ए-दिल सुनाकर चल दिये।

खिलखिलाकर वो सुनाते दास्तां,
पूरी महफ़िल को रुलाकर चल दिये।

ये नज़र पलभर जो उन पर ही रुकी
काम वो कोई बताकर चल दिये।

उनको तो मालूम सब दस्तूर हैं,
पर अधूरे ही निभाकर चल दिये।

दाग़ से दामन सने 'पूनम' तिरे,
आईना मुझको दिखाकर चल दिये।

121

तुम बताओ ग़ैर के क्यों हो लिये।
जख़्म-ए-दिल को थामकर हम रो लिये।

थी ज़मीं दिल की तिरी पत्थर की ही,
हम वफ़ा के बीज फिर क्यूँ बो लिये।

आईना हम तुमसे भी शर्मिन्दा हैं,
दाग़-ए-दामन अश्क से हम धो लिये।

खेलना दिल से, यही फितरत तिरी,
दर्द-ए-दिल हम यार से ही तो लिये।

आँख 'पूनम' अब न खुलती ये मिरी,
दिन तो बाक़ी पर अभी हम सो लिये।

122

याद हमको वो बहुत आने लगे।
पर हमें अब भूल वो जाने लगे।

नाम उनका ले रहीं साँसें मिरी,
धड़कनों में तुम ही तुम छाने लगे।

हाथ तूफानों में छोड़ा जो मिरा,
लोग हमपे ज़ुल्म अब ढाने लगे।

मुस्कुराकर देखता जब ये जहां,
बात भी उनकी हमें ताने लगे।

रौशनी का साथ अब भाये नहीं,
ये अँधेरे हमको हैं, भाने लगे।

ख़ार की फ़ितरत हमें मालूम थी,
ज़ख़्म फूलों से भी हम पाने लगे।

यार की महफ़िल को 'पूनम' छोड़कर,
दुश्मनों की बज़्म में जाने लगे।

123

आपका आना ग़ज़ब़ ये ढा गया।
इन गुलों को रूप तेरा भा गया।

आसमां पे तू बसा दिलदार है
है करम तेरा ज़मीं पर आ गया।

मैं ख़ुदा की सब ख़ुदाई वार दूँ,
नेमतें सब दिल हमारा पा गया।

देखकर तुमको नज़ारे खो गये,
उन बहारों को नशा अब छा गया।

राह में पलकें बिछा 'पूनम' खड़ी,
वो पप़ीहा गीत भी अब गा गया।

124

आसमां पे जब घटा छाने लगी।
आँख मेरी भी उमड़ आने लगी।

हूक सी उठती कलेजे़ में मिरे,
जान अब मेरी सनम जाने लगी।

इस जुदाई से मिरा तन मन जले,
ये हवा भी अब सितम ढाने लगी।

हमको पहले वो कली सज़दा करे,
अब ख़िज़ां राहों में बिछ जाने लगी।

काम कर 'पूनम' वफ़ा में डूबकर,
गीत दुनिया अब तिरे गाने लगी।

125

है तमन्ना आपकी ख़ातिर जिऊँ।
ज़िंदगी क्या आपकी ख़ातिर मरुँ।

वो मज़ा जो इश्क़ में केवल मिले,
दर्द-ए-दिल लेकर मज़े में ही रहूँ।

धड़कनें भी यार पर ही वारकर,
साँस में उनकी समा धड़का करूँ।

पाँव में उनके मिरी जन्नत बसी,
हर सितम दुनिया के हँस के ही सहूँ।

तू मुहब्बत का चलन 'पूनम' सिखा,
नाम तेरा मैं किताबों में लिखूँ।

126

चाँद में ही प्यार हम खोजा किये।
वो छुपा दिलदार हम खोजा किये।

जिस फ़लक पर मन हमारा उड़ चला,
आसमानी यार हम खोजा किये।

फूल की होती जवानी चंद दिन,
इसलिये तो ख़ार हम खोजा किये।

इक झलक देकर छुपे हो तुम कहाँ,
आज तक सरकार हम खोजा किये।

शाम तक तो खिड़कियों में झाँककर,
मिल सके इक द्वार हम खोजा किये।

लिख सकेगा बात जो 'पूनम' सही,
है कहाँ अख़बार हम खोजा किये।

www.ingramcontent.com/pod-product-compliance
Ingram Content Group UK Ltd.
Pitfield, Milton Keynes, MK11 3LW, UK
UKHW042017190726
13854UKWH00005B/2320

9 788195 304561